JN439334

계곡의 발견

국립중앙도서관 출판시도서목록(CIP)

계곡의 발견 : 주종환 시집 / 지은이: 주종환. -- 대전 :
지혜, 2013
p. ; cm. -- (지혜사랑 ; 080)

ISBN 978-89-97386-51-2 03810 : ₩10000

한국 현대시[韓國 現代詩]

811.7-KDC5
895.715-DDC21 CIP2013004632

지혜사랑 080

계곡의 발견

주종환

시인의 말

영원 앞에서, 인생은 찰나와 같다
마치 하룻밤 꿈처럼
날아가는 새처럼

2013년
주종환

차례

2부

3부

4부

1부

계곡의 발견

여인의 사랑을 넘어
가장 수려한 계곡을 발견한 나그네,
그 숨 막힘 없는 물소리의 파문처럼
내가 영적으로 여성이 된 순간,
내 다리 사이에 달려있는 그 남성만이
여전히 남성의 신체로 남아있었다
그것이 길을 걷는 내 사타구니 사이에서
내 몸을 간질이기 시작하는데……

너무 간지러워서 몇 걸음 걷다가 주저앉고,
몇 걸음 걷다가 주저앉아 웃음보가 터졌는데
지나가는 행인들, 세상 사람들에게
차마 그 웃음을 드러낼 용기가 없어
고개를 숙인 채 한참을 쪼그려 앉아
웃고 있었다

자연이 베풀 수 있는 마지막 기쁨 같은

그 암수 한몸의 전율,
가장 사랑하는 이가 간지럼 태우는 손길 같은
그 성욕의 본질이 처음으로 웃었던 그 날
육체는 뻘밭을 건너는 장화처럼 미끌거렸고
걸음은 땅 위를 헤엄치는 해파리처럼 가벼워졌고
온 세상은 무게를 상실한 아지랑이처럼 어지러웠고

불타는 태양을 쏘아본 눈빛 속으로
바다와 육지와 하늘, 가깝고도 먼 친척 같은 생물들이
영겁을 살고 있는 생명 같은 호흡으로, 내 심장은
깊디깊은 골짜기로의 초대 앞에서 한참을 두근거렸다네

눈雪

온통 반짝이는 순백의 설산雪山

별빛처럼 영롱한 그 눈밭 위에

누군가 피와 눈물, 그리고

더럽혀진 사랑의 수액을 뿌렸다

눈사람만이 웃고

그리고 눈사람을 만든 모든 이들이 울었다

눈사람 속에 갇힌 에스키모처럼

숫자 4에 대하여

4 = 무無

4 = 사死

4 = 사각형, 가장 안정된 바다海

4 = 네 발 가진 짐승의 날렵함, 그 멋진 자태

4 = 전 인류를 먹여 살리는 식탁,
전 인류가 공부하는 책상, 의자,
전 인류가 들어가 사는 가옥
전 생명이 살아가는 방향과 척도, 계절

4 = 아라비아 숫자 중에서 가장 궁극적이며
아름다운 숫자

4 = 죽음, 소멸이라는 두려움 너머에 있는 바다

4 = 순풍에 돛 단 듯

영원한 바다에 삼각돛으로 떠가는 배

그네와 나그네

비록 그것이 즐겁고 아름답다 해도
누가 군대 연병장에 그네를 매달겠는가
또 그 누가 그네를 타겠는가

모두에게 그네를 태우고 싶은 마음으로……
피는 꽃들이여

바람에 흔들리는 꽃들,
나그네 마음으로 타는 하늘 그네들

세상 구경 어려워

산으로 가는 길
바다로 가는 길
강으로 가는 길
시냇가, 계곡으로 가는 길
들판으로 가는 길
떠오르는 해,
지는 석양 구경 가는 길을
다 철책과 장벽으로 막아놓은 길들
이 세상 모든 길이 다 막혀 있어도
매일처럼 다가오는 빛
햇빛, 달빛, 그리고 별빛
길이 사라지는 곳에서
시작되는 그 빛
그 눈빛을 공유한 우리는 아직
살아있네, 살아 남아서
마음으로 발을 동동 구르네

시간이 멈췄다

건전지 약이 다 된 벽시계
바늘이
한 달을 넘게 똑같은 눈금 사이에서
탁탁거리고 있다

지갑이 털리고
오줌을 다 눈 남자처럼

호랑이의 덫

뒷산에 호랑이와 토끼, 온갖 야생동물들이 살고 있었던 때가
존재했었다 과거의 호랑이가 이제는 돈과 경제로 환원된 것 같다
호랑이는 어마어마하게 넓은 설산에서
왜 하필 그 덫에 걸려 죽었을까

그 어마어마하게 넓은 설산에
쇠로된 물건은 그것밖에 없었기 때문,
인간은 이미 그 호랑이가 출몰하는 길목을 잘 알고 있었기 때문이다

이 넓디넓은 도시에서
그대가 귀하디귀하게 여기고 있는 그 물건과
중독을 조심하라

아마도 그것 때문에 아무데도 못가고 있을 걸.

체제에 대하여

자국이기주의, 공산주의, 가부장적 자본주의, 군사대결,
종교 갈등, 환경파괴, 주거불안과 가난, 노동력 착취,
빈익빈부익부, 이것이 사회이고 체제다.
히피, 집시, 나그네는 체제를 거부한다.
시민단체와 사회운동, 문학과 예술은 체제에 저항한다.
급진주의자들, 혁명가들은 체제를 공격한다.
보수주의자들은 체제에 협조한다.
다수의 일반인들은 체제에 순응한다.
진리탐구와 구도, 명상은 체제를 초월한다.

가을

날아올라라
그 따위 인생을 살 바에야.

화밀花蜜이 사라진 늦가을 꿀벌들처럼
추풍낙엽의 오솔길을 거니는 지친 나그네여

하늘 속에는
사람이 하늘이 된 내력이 고스란히 녹아있다
그리고 우리는 하늘이 사람이 된 내력을 따라 걸어야 한다

동그라미 예찬

삼각형, 사각형, 다각형들의 경계에는
경계선만 있다 하지만
원과 원들의 경계엔
다이아몬드라는 여백이 생긴다

아니면 그 역으로,
다이아몬드 주위에 온통 동그라미의 절정들이
반짝거리고 있다

이 세상 모든 생명체들의 눈동자는
이 세상의 절반인 상하좌우 180도만 바라보게끔 되어 있다
그리고 나머지 세상은 고개를 돌려서 바라보게 한다

그것은 나머지 180도를 가린 것이 아니고
삶과 죽음처럼 눈에는 보이지 않는 불가시의 세계,
내면의 세계라는 차원이 다른 나머지 180도를 상징하는 것이다

무색무취의 다이아몬드 속에는
무수한 방향을 향한 둥글고 영롱한 빛으로 가득하다
동그라미는 아무것도 하지 않으면서
그 모든 것을 일으키고 구르게 하며 지켜본다

불안

밤이 가둔 천막 속에
흔들리는 촛불, 그림자 하나

우리는 그의 사색이
난파했으리라고 믿지 않는다

'주체' 하나를 찾기엔
밤하늘 별들이 너무 많고

인간은 진실 대신에 UFO라는
과학적인 퍼즐놀이에 빠진다

없는 것을 있다고 주장하는 것만큼
매혹적인 장광설은 없다

우리는 없지만,
우리 모두에게 항상 넘쳐나는 것이다

사랑의 기나긴 부재 때문에
우리는 여기까지 왔고, 여기에
홀로 서 있다

그대의 어깨 너머엔
그대가 생각하는 그대가 없었다

밤이 가둔 천막 속에
낫달 하나 심장 속에 꺼내지고 있었다

2부

장자와 나비 주점

당나귀 타고
높은 산을 향하던 사람

풀밭에서
오줌 누는 여인을 보고
낙마했다

그 이후의 세상이
바로 우리가 다 아는 세상

그래서 높은 산은,
높을수록 계곡 깊은 산은
우리를 영원히 기다린다

한가위 보름

동그라미가 동그라미를 동그랗게 만들려고 하다가
별빛 모양으로 찢어졌다

동그라미를 지탱하는 힘이 바로 그
구부러지지 않는 완전 대칭의 각이었다

그 각도의 힘으로
동그라미는 동그랗게 굴러가기 시작했다

그 시간의 베틀로 실을 짜서 길쌈을 하고
옷과 배게, 천막을 만들어서 사람의 마을을 이루었다

휘영청 밝은 보름달 아래 인간이 소매로
눈물을 닦았던 그 최초의 동작……

향香

한순간이나마 건강해져보면
이 세상 사람들이 얼마나 병들고
아파하는 지가 보이고 느껴진다

명절이나 제삿날, 혹은
절에 배여 있던 그 향냄새가
자주 내 영혼을 스친다

아무것도 아파하지 않는
그 무한한 새로움의 중심이
꽃을 피우는 봄날에

언제나 새로운 전쟁을 준비 중인
이 문명의 괴로움이 떡 버티고 있고
사람들은 숨어서 웃고 숨어서 울고 숨어서 아파한다

범죄율 제로이고 길을 묻고 가리켜주며

물과 과일을 나눠먹는 봄날의 산길 같은 마음들이
이 도시에만 들어서면
지갑을 움켜쥐고 미간을 찌푸리며 허둥거리기 시작한다

모든 것이 자동차와 사람, 사회적 최면들 사이에서
이심전심이 막힌다, 사람들은 모두
천적을 피해 달아나다가, 차들이 쌩쌩 질주하는
도로 앞에 멈춰선 개구리처럼……

매일 새롭게 오늘을 살자

그리고
아는 것보다 모르는 것이 더 많은 겸손을 따르자

무한無限 앞에서
조금이라도 유有하기 위해서……

그림자 없는 반투명의 생명, 그 미묘한 신체를
우리는 무엇이라 부르랴?

보이지 않는 마음도 물질이라 쉽게 뒤섞인다
뒤섞여서 하나의 질퍽거리는 세상을 이룬다

영원은 '이 무無자 쓰는 내가 있다', 라는 그림자의
태양 같은 것

날씨와 온도에 구애받지도 않는
태양 너머에 있는 것,

이 우주에서 가장 먼 별을 품고 있는 현재

이 세상이라는 무수한 그대와 나의 오해,
화밀을 빨아먹고 살찌는 꿀벌들이
모르는 꿀맛처럼

이 방, 이 집, 이 마을, 이 지역, 이 나라,
이 대륙, 이 지구 너머
자신을 내려다보는 차원의 하늘, 그 빛의 무한대,

600년 동안 극락처럼 머물 수 있는 저승
그 저승마저 '없다고' 말하는 빛처럼
대낮 같은 발걸음으로 매일 새롭게 오늘을 살자

북극곰의 발자국

얼음덩어리 하나에
간신히 북극곰 하나가 매달려 있다

곰의 표정은 마치 웃고 있는 것 같다
사람처럼 고통으로 얼룩진 표정을 짓지도 못하고
망망대해에서, 돛대도 없이
곰 인형처럼 단순히 입을 헤벌레 벌리고 있다

그의 안위를 걱정하는 건 오히려
그의 죽음을 받아 안아줄 심연의 일렁임 같다

그의 생명은 기적과 같았고
넘실거리는 심연은 그 기적을 태고의 원점으로 되돌릴 것이다

인간은 뭐, 대수로울 것도 없으면서
대단한 문명을 건설한 것도 아니면서

고작 공룡 발자국이나 뒤따를 것이면서
이 세상 모든 기적 같은 생명들을 저 지경으로 빠뜨렸다

북극곰이 새끼들과 빙판 위를 뒹굴 때
태양과 달, 별빛과 온 우주가
그의 하얀 털빛을 어루만지고 싶어 했다, 영원히

500원짜리 주화가 데구루루 굴렀다

네가 도무지 이해하지 못한 세계의 실상 중의 하나는
돈이었다는 사실, 보도블록 사이를 지나
찻길까지 구른 그 500원짜리 주화의 편재성과 극대화에
관한 것

꽃 한 송이의 그윽한 향기에 취하지 못하고
한 아름의 꽃다발 살 돈을 구했다
그리고 그 꽃다발을 들고 다닐 수 있는
어떤 서구적인 분위기를 돈으로 사려했다

내가 태어나서 처음으로 쓴 연서戀書는
중 2 때 이웃집 소녀에게 함께 영화 구경 가자는 내용이
었다

이 나이 되도록 신물 나게 영화를 본다
우리는 전후戰後 세대의 밥그릇 전쟁에서 살아남은
밥풀떼기 세대일 것이다

별빛 몇 점이라도 초롱초롱한 밤이면
우주 전체가 이 조그맣고 서러운 지구 땅에
안부를 묻는 것 같아 조금 안심이 된다

돈보다 더 소중한 것이 있다는 것에
모두가 박수를 치며 동의하지만
모두가 돈보다 더 소중한 것들로 돈을 번다

지구의 가치가 주식으로 환원되고
북극과 남극, 심해의 해저, 밤하늘 보름달마저도
땅 투기의 대상이 되고 있다

돈 몇 푼을 위해서 저버리는 사랑과 우정, 질서와 정의는
세계화라는 물결의 영원한 비하인드 스토리일 뿐,
그 까짓것 더럽다며 길게 늘어선 줄에서 이탈하는
선비정신은 바람과 풀과 구름을 팔아먹어야 생존한다

소유냐, 존재냐
존재를 선택한 사람들에게 500원은 참으로 귀한 돈이다

초식의 들판

— 육식동물과 초식동물에 관한 연구

육식동물과 초식동물 중 누가 더 강한가?

정답은 초식동물이다

호랑이, 사자, 하이에나, 치타, 늑대, 표범 등
육식동물들은 강한 이빨과 집단적인 공격, 날렵함으로 승부한다
그러나 초식동물인 코끼리, 코뿔소, 황소, 산양 등
초식동물들은 거대한 몸집과
강인한 뿔이 돋아나 그 위엄을 과시한다
1 대 1로 싸우면 초식동물들이 더 강한 것이다

낙태에 관한 연구

여성이 남성한테
강간을 당해서 아이가 생긴 경우

여성이
술에 약을 타거나 비몽사몽간에
남성 모르게 임신을 한 경우

① 낙태 반대 ② 낙태 찬성

나는 낙태 찬성.

어깨 이야기

축 처진 어깨, 희망 없는 미래들
사람들은 왜 한겨울 빙판길을 치우지 않는 걸까
가난한 산동네의 빙판길은 살인적이다

그래서 '곡괭이' 하나 사들고
나타난 사나이
용기 있게 나서지 않음이 우리의 잠이다

톰과 제리

인간,
우리는 아주 오래된 분노로 서로를 구부리게 하고
서로의 오만과 약점을 잡아 쓰러뜨리며
그래도 쓰러지지 않으면 가장 무서운 시련을 겪게 하며
서로의 불같은 자아를 시냇가의 조약돌처럼
둥글게 작게 살랑거리게 하고,
그래서 서로의 관계를 좀 더 멀고 부드럽게 한다

하나라는 소수이면서 여럿이고,
여럿이면서 다수결이라는 서로의 속내를 만개시키고
이 세상 모든 비밀은 들통 나고, 인간, 그대는
이 세상에서 가장 영원한 비밀을 꿈꾸는 개인이다

죽일 듯이 지지고 볶고 싸워도 서로의 힘을 빌려
밥 한 그릇, 잠 한 숨 푹 자고 일어나는 아침들
인간, 우리는 서로의 모든 것을 느끼고 사는 사랑이다

우리의 일상은 각자의 욕망이 더 강해서
서로의 소원을 들어주지 못하는 타인으로 남아 있고
그 타인이라는 장벽에 의해
서로를 이기려고 하는 경쟁심은 마천루처럼 치솟기만 한다

바람에 떠가는 구름 사이로
달 밝은 밤은 인간, 그대의 눈빛과 만나고
온 하늘 만개한 별빛 천지, 혹은 구름 한 점 없는 푸르른 하루는
그대가 애써 숨기고 사는 그대 자신, 본래면목의 빛

이 세상에 태어나 처음으로 느낀 사랑을
이 세상에서 가장 덜떨어진 병신으로 만든 일상에 대하여
우리는 아직도 극기하면서, 서러움과 분노를 표출하고 있다

쥐구멍에도 볕 들 날이 있다는 말은
가난한 민초들에게도 삶의 희망이 찾아온다는 말
그런 아름다운 속담과 경전의 차이는 있다
쥐구멍에 볕이 드는 날은 사람들이 쥐 떼들 다 때려잡는 날이다

쥐를 애완동물로 키우는 나라는
이미 쥐 떼를 소탕한 나라, 쥐가 멸종위기에 처한 나라다
즉 다시 말해
쥐란 '주위'를 잘 둘러보고 살피는 우리 모두를 뜻한다

고양이는 그러한 깊은 뜻으로 '고양' 되기를 바라는
법문 하는 존재라는 것
고양이 밥을 가로채고 밭을 망가뜨리는 저 놈의 똥개 새끼
담을 지키게 훈련 받아서 성이 나는 야성

그럼에도 불구하고,

탐tom貪(탐욕)과 젤리(설탕과즙)는
어린아이들의 만화영화라는 사실!

눈 위에 내린 서리

바다에 눈이 내린다
사람들이 없는 곳에서
사람의 영혼이
이 지상의 가로등 불빛 같은 길을 내어

밤하늘의 별빛,
사람들의 눈빛이 다 모여서
그 별빛의 영원한 밤을 풀잎처럼 속삭이고

태양 아래
휘몰아치는 폭설 같은,

자신의 문 앞에서 서성이는
고요한 발자국들

흰 눈을 먹고 자라는 생명의 대지
그 광활한 파도의 흰 포말처럼,

비상하는 새 떼처럼
없는 것의 촉감에 매혹된 무지無地에 설레어

3부

신인간을 위하여

천국은 이 세상에서 경험한 것을 토대로 만들어진 이상향이다
그리고 이 우주 전체는 6일 만에 만들어질 수도 없다
각기 다른 시대, 다른 장소에서 깨달음에 이른 자들의
언어와 표현, 소통 도구들이 각 대륙의 종교들이 되었다
거기에 이 세상 모든 민족의 탄생설화와 신화들이
철학과 음악과 시와 그림들로 첨가 되었다
철학이 발달하자, 신과 실존이라는 개념이 충돌했다
과학이 발달하자, UFO라는 개념도 창조했다
전자는 無의 성질을 띠면서 有의 블랙홀 속으로 사라졌고
구름 위의 신성한 도시들은 비행기 때문에 사라졌고
사회적 미신과 기성종교, 체제가
새로운 세계를 지체시키는 가시밭길로 반복되고 있다
우리는 진실을 알기 위하여
단 한 번도 손에서 책을 놓아본 적이 없었고
한 줄기 빛을 위하여 수천 년 동안 쌓인 어둠의 갱도를 뚫었다

우리는 이러한 4차원적인 상식의 가능성 속에서
민주주의라는 대화의 장을 꽃피워냈다
이 시대의 진보는 개개인들 진화의 한계상황이다
우리는 이 세상 전체가 은닉하고 있는
별빛으로 수놓은 원탁을 새로이 놓고,
새로운 인간들의 동태를, 그 영혼의 개화를 응원하는 눈빛들이다

초승달 아래 영하 4도

김 오르는 국밥집에서
소주잔을 기울이며
TV를 곁눈질 하던 중년의 남자들이 있었다

김 오르는 국밥집에서
소주잔을 기울이기보다는
사랑하는 사람과의 긴 하룻밤을
애타게 구하던 젊은이들이 있었다

가로등 불빛을 스치는 눈발,
도심의 가파른 골목길들, 겨울은 길고
고기 집을 들르지 않고 찾을 수 있는 애인은 없었다

봄을 기다리는 마음

토목공사가 한창인 개천이 꽁꽁 얼어붙었다
얼음판 위를 조심조심 걸어본다
설마설마하면서 얼음판을 내디뎌본다
몇 걸음 가기 무섭게 얼음판이 쩍 갈라진다
놀라서 뒷걸음질을 친다
주위에 앉아 있던 낚시꾼들 모른 체한다

산山, 그리고 김 오르는 굴뚝

영하 6도까지 떨어진
겨울 산야를 왜 찾아 갔을까

그것은 내면의 극지에서
길을 잃었기 때문,

배낭 속에 든 물병은 그대로 얼어버렸고
굽은 산길을 오르내리면서
하드처럼 딱딱해진 김밥 한 줄을 깨어 먹었다

까마귀와 산새들 몇 마리 날고
홀로됨은 한겨울 산새처럼
그렇게 자유로우나 외로웠다

쩡쩡 얼어붙은 산야는 위풍당당한 대장부였다
졸졸 흐르는 얼음장 속의 물줄기 하나,
그 한 모금의 겨우살이로,

이 혹한의 겨울을 함께 나자고 했다

산야 전체가 꽁꽁 얼어붙은 한겨울
한 마리 유충을 찾아내는 산새의 놀라운 시야처럼
저 산 너머 김 오르는 굴뚝을 향해 버릇처럼 걸식하는,
내 마음의 쪽박 하나 쩍 갈라지고 있었다

눈目, 초승달 같은

보름달 곁에 별빛 한 점처럼 작은,
지상의 촛불 심지 하나도
가장 밝은 빛을 내기 위해 구부정하다
배들의 밧줄을 묶는 방파제 쇠고리도 구부정하고
높은 산비탈 올곧게 자란 소나무도 비바람에 휘었다
지팡이를 짚고 가는 노파의 등허리도 구부정하고
무수한 포유류, 영장류들의 척추도
그 어떤 도약을 향해 휘었고
활도 두 번이나 휘었다
휘어져서 가장 올곧은 바람을 향해 자신을
쏘기 위함이리라, 그 속에서
올곧게 자란 나무들, 수목한계선과 같은
성숙한 사람들의 지성들이
이 지상의 생명들을 보살피고 아낀다
평범한 사람들의 인생보다 더 아까운 하루,
그 하루보다 더 소중한 순간들,
그 순간들보다 더 깊은 영원을 나누기 위하여

세상 어둠 같은 일생 내내
수많은 별빛 속에 가장 휘어진 초승달 같은 빛 하나가
우리의 영롱한 눈동자에 어려서 반짝거린다

추억

어린 시절 구슬치기 놀이가
당구보다 더 깊은 묘미가 있었다
토까이 놀이, 공개 치기, 팽이 돌리기도 재미 있었다
숨바꼭질, 말뚝 박기도 좋았고
가위바위보 해서 이긴 사람 업어주기도 행복했었다
딱지치기, 떼기 따먹기도 스릴 넘쳤고
세발자전거는 사자마자 발통이 부러졌고
'스카이 콩콩'에 신이 났었다
(돈 없는 집안은 삽으로 스카이 콩콩을 탔다)
축구도 차고 야구도 하고
계곡에서 가재도 잡고 바닷가에서 게도 잡고 놀았다
시집을 못가고 있던 막내 고모가
한번은 화가 난 듯 수돗가에서 발가벗고 목욕을 하던 시절,
다락방에 있던 '대장 불리바' 라는 소설은
아무리 읽으려 해도 재미가 없었다
아버지가 전축을 사오신 날,
최신 유행한 유럽 음반을 얹어놓고

온 가족이 함께 춤을 추었었다
나도 태어나서 처음으로 수줍음을 이겨내고
춤을 춘 것이다
포도주 담아 먹고 남은 포도 주워 먹고
심부름 가다가 집 앞 골목길에서 휘청,
술에 취한 여섯 살 같은
그런 추억들.

나그네

멀지 않은 과거,
메주와 양파와 마늘 걸어놓은 인가人家들
어느 나그네 시인의 술 안 주는 소금 몇 점이었고
삶은 달걀 하나는 몇 달치를 견디는 단백질이었다

나그네의 쉼터인 옹달샘과 주막,
해 지는 고개 마루,
지친 나그네에게 죽 한 그릇과
묵을 방을 내놓은 세상인심들
그 가난과 대자연을 닮은 절개와 방랑의 시어들이
이 세상 수많은 시들을 남겼다

달빛 고고한 밤
팔각정이나 정자나무 아래 모여서
시름에 잠긴 세상과 시를 논하며
고요히 술잔을 기울이면서
달빛에 떠는 시냇물에 한 잎의 잎사귀를 띄워 보냈다

글로 남겨진 시보다
자연 스스로에게 띄워 보낸 시가 더 많았다는 것

젊은 시절 얇은 지갑 때문에 곱창 집에 모여서
바른 말 하기 위해 만취하고
만취해서 아가씨 따먹을 궁리만 하던 우리가
중세에는 없는 이런 시구詩句를 남긴다,

사랑하는 여인의 가슴에 귀를 갖다 댈 때
사랑의 가슴은 그녀의 아랫도리를 향해 고동친다고

안단테, 안단테, 밭이 보이는 창가에서

흙 속에는 별빛과 우주를 심어놓았구나.
이미 다 심어놓았구나.
돌과 식물과 포유류의 안식처와
그 모든 것을 갈아엎을 미꾸라지 한 마리와……

땅 속 지반이 약한 것처럼 위험한 문명.
물 위에 뜨는 것들처럼 날개 없이 가벼운 개인들.

'인류'라는 가장 무서운 나침반에 모여든 남자들,
하이얀 교복 입은 소녀가 와서 참견한다.
'안단테'가 뭐예요?

안단테, 안단테……
그런 행복을 위하여, 영원 안에 있는 우리의 가장 느리고
안정된 걸음 같은 것

안단테, 안단테…… 살아 있는 그 모든 것을 향한 사랑

도 있고
숫처녀가 간직한 순결한 사랑도 있으니까
네 나이 또래의 소녀들을 곁눈질 하는 구나

우리는 알아요,
우리는 무서운 로켓을 멈추게 하는 법을 아니까요.
사랑할 때는 언제나 천천히 천천히 사랑하세요.

이 세상 모든 다급한 일들은 모두 그들이 꾸민 일이예요.
사랑이란 이름으로,
아무런 할 일도 없는 사람들 말이에요.

사기그릇을 깨다

쓰레기 치우기가 가장 겁나
가난을 쓰레기 취급하는 어떤 놈들, 혹은 어떤 구조 때문에

싸구려— 가장 값싼 가격에 그 물건을 나에게 팔아주는 구려
좋은 분을 나쁜 놈으로 매도하려는 개밥세상처럼

그래서 한글로 시를 쓰기가 그렇게도 어렵구료
장독을 깨고 사기그릇을 깨는 건
사랑을 사랑악이라고 만든 어떤 한글 같은 꼬라지 때문이오

갇혀 있으면서 자유로운 영혼인체 하기 때문,
울고 있지만 웃는 얼굴을 하면서 살고 있기 때문이오

예술은 사기라는 말이 가장 사기인 것은

이토록 작고 약하고 가난한 민족의 밥그릇이
이 세상 모든 제국을 향해 개밥그릇 다 엎자고 컹컹 짖는다는 것,

제발 그러지 말게, 그렇게 웃기지 말게
우리의 식탁은 제왕의 식탁이 아니라,
가장 값싼 전기료로 그대의 사생활을 훔쳐보는 재미로 사는
절대다수의 절대행복이라네

전쟁이라는 두렵고 살육적인 화두만 있으면,
개인들을 마음껏 살해하는 거대한 정치적 음모는 숨겨질 수 있다네
미사일 폭격이나 전쟁포로로 죽을래, 사기를 당해서 천천히 자살구찌가 될래

너는 과연 왜 이 세상 전체의 적이 되었나?

너의 가슴 속에 한 송이 아름다운 꽃을 품었기 때문.

그 향기가 역겨운 하이에나 무리들의 굶주림을
너는 단 한 번도 먹여 살린 적이 없기 때문.

한 평생 안 아픈 세상을 꿈꾸었으나
그런 시는 없었네. 한 평생 안 아픈 시를 꿈꾸었으나
그런 세상은 없었네.

이 나라의 그릇은 그릇 되다(잘못 되다) 라는
더럽고 치사한 밥그릇 명칭으로 출발 한다네
지금 이 순간 이 나라의 밥그릇, 혹은 우리의 음식은
개밥그릇이 아니라, 떳떳한 사람의 밥그릇임을 만천하에 알림세.

이토록 역사가 짧은 한글의 언어는 의심해야 되고
제국의 농간에 놀아나지 않아야 하는 것

돈을 벌어서 쓰는 재미보다 공부해서 가르쳐주는 재미가
더 보람 있는 세상

사기그릇을 장인그릇이라고 부르면
밥그릇을 깰 필요가 없는데,
말장난 가지고 세상을 지배하는 무리들이 있다네.

Are you whitehead?

— 거대한 음모에 대하여

노자의 도덕경에는
‘백발이 성성해봐야 가슴을 친다’라는 구절이 있다.

whitehead를 가진 자들 중에는
상대 검은 머리에도 흰 머리가 날 때까지
괴롭히는 자들이 있다.

Are you whitehead?
다들 누구 때문에 흰머리가 나는지 궁금하겠지?

노랑머리 때문에? 검은 머리 때문에?
대머리 때문에? 곱슬머리 때문에?
흰머리들이 한데 뭉쳤기 때문에?

그들의 음모만은 새까맣기 때문이리라.

주요한 계시록 4장 4절

집에서는 가출하고
학교에서는 휴학하고
친구하고는 절교하고
군대에서는 탈영하고
회사에서는 사표 쓰고
결혼해서는 이혼하고
정치에는 무소속이고
국가에서는 무정부적이며
종교에서는 밥 먹을 데가 없는,
누군가 길가에 떨어뜨리고 간 4천 원
줍지 않고 지나갔던 시절,
생명의 원초적 자질 같은 포효 이후
가는 곳마다 사람들의 등쌀로 호러 영화 찍는 지경.
바나나 껍질이나 구슬에 미끄러지듯
누군가 물을 부어놓고 간 한 겨울 빙판길처럼
온갖 사회적 미신과 거짓말에 미끄러져 죽고 또 죽어가고 있는 사람들
살인이란 미필적 고의란 잘못된 다수의 편을 드는 것이다

4부

등잔 밑이 어둡다

마치 심연의 중심을 향해
미끄러지듯
가장 깊은 계곡을 향하는 길에는
언제나 가장 높이 날아오른 새가
맴돌고 있었다
눈이 멀어 가면 귀가 밝아지고
귀까지 멀어 가면
온 세상이 눈과 귀가 되어 주듯
당신의 발자취를 찾아가는 길은
가장 위험하면서
가장 아름다운 죽음의 길이었다
잠이 오지 않는 밤처럼 우주는 깨어서
가장 작은 벌레처럼 윙윙거리는
등잔 밑의 소란처럼……

어느 도시인들의 편두통 해소

바닷가 파도소리
계곡의 물소리
쏴 하고 드넓은 대지에
소나기 내리는 소리
시냇물 흐르는 소리
폭포소리
그 청량하고 맑은 물
그리운 이들의 머리맡에
인공폭포처럼
잠깐 동안 시원하고 잠 오는
빗물을 스치는 차바퀴 소리……

혹은 어느 시골, 어느 동네가
홍수로 침수가 되었다는 뉴스
국가가 자연보다 낫네,
도시가 시골보다 살기 좋아
아파트가 농가보다 안전해
100조원 조달청이

모든 사람들이 가장 편한 자세로
뒷짐을 지고 걷지 못하게 해
산책로는 없고 헬쓰장,
그동안 쌓인 녹을 닦는 머신의 길만 있는 것

뒷집 옆집 혹은 자신의 가족 장례식보다
자본주의의 꽃.
대기업, 광고기획사와 엔터테이너의 음악, 영화,
드라마가 더 눈물을 쏙 빼는구나.
그래서 무더운 여름에는 맥주 맛이 나는 것
술 끊었을 때 찾아오는 술손님처럼
담배 끊었을 때
술 먹자고 전화 오는 골초들처럼
채식 하는 동안에
삼겹살 구워 먹자고 찾아오는 지인들처럼
구도의 길에서
퇴학당한 자들의 난장판처럼

너보다는 펜잘, 라면보다는 아스피린,
너보다는 링거액, 술보다는 마취약.
너의 말보다는 수면제와 돈. 회충약과 농약.
너의 말보다 진실로 다급한 것은
생수 한 병 살 돈.
동해 바닷물 구경할 수 있는 차비와 여비.
회 한 접시 먹고
당신의 법문 다시 들어봅시다.

빗물을 스치는 차바퀴 소리에
잠이 오는
어느 도시인들의 편두통
양철 지붕 위의 고양이처럼
살금살금 어디로 가나.

장미와 개나리

이 나라는 원래 노랑 같은 봄을
그 계절의 완성을 사랑한 민족이었다
개불알꽃, 개망초꽃,
개나 소나…… 어쩌구 저쩌구 하는
민족이 아니었다
'랑' 자를 가장 사랑한 민족이었다
노랑, 사랑, 아리랑,
랑랑 랑자로 끝나는 말은?

아무런 뜻이 없는 말을 가장 사랑한 민족
이 세상 잘 못 된 뜻을 가장 많이 고발한 민족
신성함을 사랑한 신랑같은 민족
그러고 보면 중국의 한자는
왜 여성을 계집녀로, 사랑행위를 간사할 간자로 썼을까

장미와 개나리
미와 나리만 가지고 이 세상을 바라보는 것

그처럼 너무나 연약해서 책 속에 고여 있던 진실,
고요한 사랑을 밤의 산야가 울리도록 외치게 만든 것들

파리가 물 빨아먹는 소리,
파리가 상호 소통하는 소리, 순식간에 접 붙는 소리,
웅아, 웅아, 소리까지 들리는 주파수 대역처럼
예민해진 나의 귀를
땅 파는 드릴과 중장비 소음과
마을주민들의 차량시위로 괴롭히는 종교와 가족주의,
고독한 사생활과 국가주의가 끝내 있다

날개의 진화, 진화의 상상

몇 천 년 후에는
인간의 날갯죽지에 실재로 날개가 돋아나겠지

먼동이 터오는 새벽,
훨훨 날아올라 새들과 지상을 굽어보며 놀겠지
새라는 동물과 가장 친해지겠지

무더운 여름 산에서는, 날개 한 번 털고는
주위의 해충들 다 사라지게 하고
시원한 그늘을 만들며
겨울에는 헬멧과 방한복 입고
은빛 찬란한 밤하늘을 날겠지

인간의 날갯죽지에 날개가 생기면
자연생태계를 파괴하는 도로나 다리, 터널을
더 이상 만들 필요가 없어지겠지,
아니 불필요해진 모든 것들이 사라지겠지

시끄러운 오토바이도 필요가 없겠지
기름과 가스를 극소량으로 소비하겠지

아시아에서 유럽으로, 아메리카, 아프리카로
태평양과 대서양, 인도양,
모든 바다를 건너는 여행에서는
잠시 쉬어갈 수 있는 바다 위 시설물들과 섬들이
낙원처럼 펼쳐지겠지, 아니 그런 세상이 오면
정말 세상 전체에 낙원이 도래하겠지
국경이 사라지고 세상은 이미 하나가 되어 있겠지

하늘의 구름 속에서, 다이빙한 물속에서
남녀의 사랑과 연애가 이루어지고
청정한 물과 깨끗한 공기, 오염되지 않은 대륙을
우리는 끝내 되찾게 되겠지, 한층 진화한 인간의 문명이
지나온 과거를 아프게 바라보게 되겠지

메뚜기의 유영
— 벼메뚜기의 준말

강원도 산골
논에서 자란 메뚜기 한 마리
곁을 흐르는 시냇물 바위에 올라와 있는 것이 보였다

잠시 뒤 그 메뚜기 한 마리가
슬금슬금 바위의 벼랑 끝으로 가더니
거세게 바위틈을 흐르는 물살과 물웅덩이를
한참 굽어보고 있었다

곤충도 자살을 생각하는가?
시름에 잠겨 피워 물었던 담배를 끄고
나는 그 놈을 자세히 돌아다보았다

잠시 뒤 메뚜기가 제법 깊은 물웅덩이 속으로
첨벙 뛰어들어 사라졌다

나는 놀라서 개울을 건너

그 놈이 뛰어내린 바위 틈 물속을 바라보았다
급하게 휴대폰 카메라를 켠 채……

메뚜기는 물속으로 사라졌고
나는 좀 더 인내하면서 그 놈을 찾아 두리번거렸다

잠시 뒤 그 놈은 물 속 바위틈 속에서
삐죽이 모습을 드러내며
물속 바위를 오르락내리락 나의 눈치를 살피고 있었다

거미나 사마귀 새끼처럼
사람 참 놀라게 하는 재주가 메뚜기에게도 있군

잠시 뒤 메뚜기가 물 위로 떠올랐다
그러고는 유유히 배영을 하면서 놀기 시작했다
배영을 하다가 지겨우니까 이번에는
바위틈 사이로 흐르는 낙차의 물살을 이용해

풀장 파도타기처럼 왔다갔다 놀기 시작한다

메뚜기가 그렇게 신선처럼 노는 꼴을 보니까……
내 꼴이 말이 아니었다
나는 화질 나쁜 휴대폰 카메라를 끄고
다시 편안한 자세로 앉아 그 놈을 바라보았다

그랬더니 이번에는 더욱 약을 올린다
안간힘으로 바위틈 낙차의 물살을 향해 거슬러올라가더니
순식간에 빠른 속도로 물살을 타고,
저 멀리 나의 시야가 닿지 않는 곳으로 사라져버렸다

그즈음 들녘에는
간식용으로, 안주용으로, 반찬용으로
메뚜기 잡기가 한창이었다

이 세상에서 가장 로드 킬을 많이 당한 동물은?

인간.

벌레 이야기

내 방에 수많은 곤충들이 살거나 드나든다
개미, 모기, 나방, 거미, 쉰발이(그리마),
지네, 파리, 바퀴벌레, 딱정벌레, 귀뚜라미,
그리고 이름을 알 수 없는 수많은 벌레들

그들이 나의 식량을 훼손하거나
날 물지만 않는다면
때때로 안타까워서 먹이까지 챙겨주고 싶지만,
그들은 배부를 때 나를 주인으로 생각하고
굶주렸을 때는 나를 시체나 먹잇감으로 생각한다!

사람은 누구나 자신이 살았거나 죽었을 때
자신의 육신을 훼손하는 곤충들을
해충으로 생각하고 멀리하거나 방충한다
그들은 사람이 살려고 지어놓은 집들을 향해
어떤 대자연적인 성전을 하는 듯하다

두 다리 뻗고 잠들 수 없는 방,
곤충들조차 수십 킬로 떨어져 있는 먹이를
찾아내는 것처럼
나는 그들에게 밤낮으로 물어뜯기며,
시달리며, 음식을 빼앗겨 가면서
'영혼의 어두운 밤'에 대해서 말했고
말하려고 애썼다

그러나 인간들은 이미 영혼의 어두운 밤 같은
집들을 팔아먹고 있었던 것이다!
정치, 경제, 군사, 종교적으로,
개미핥기 같은 욕망으로,
농약을 치듯이 살아있는 사람들의 영혼에게.

밤벌레 소리, 여명의 새소리, 밤잠 없는
사람들 인기척 소리, 소 울음소리
그리고 아침이 되어서야 물러나는

수많은 곤충들의 부재 같은 바람 소리

마치 먹는 것에 관해서는
언제나 사람이 그들보다 한 발 늦는 것처럼……

자정의 막다른 골목

어서 오세요, 그리고
미세요.

다람쥐 쳇바퀴 같은 생활, 자정이 넘어서도
잠이 오지 않는 당신

셔터가 내려진 거리엔
집 나온 처녀 같은 행색 하나가
휴대폰을 만지작거리며 맨땅에 앉아있고

어서 오세요, 그리고 미세요

이곳은 당신에게 아무것도 팔 것이 없는
실내올시다
무엇을 사시려고요?

앉아도 됩니까?
살 것이 있어서 왔는데

당신은 팔 것이 없다

난 이미 세상이 아닌 물속에 젖은 책 속으로 들어왔고,
그대는 책 밖에서 책을 구매하지 않소

백치와 책벌레가 한 테이블에서 술을 마시는 격이오
우린 서로의 흠집을 냄으로써, 생존 가능한 거울인가?

여러 번의 겨울이 지나는 동안,
남자의 품이 그리운 어린 처녀와
술값만 있으면 겨울을 나는 어느 시인은
영영 서로에게 무관심하다는 걸 알았소

어린 처녀가 꿈꾸는 것은 사랑의 보금자리,
시인이 꿈꾸는 건 원치 않는 장소에서
객사하지 않는 거요

당신은 아직 술과 고기 탄 냄새가 밴 헌책을 버리지 못

한 거요
그리고 천신만고 끝에 얻은 새 책들을
부러진 상다리 대신에 깔고 있소

유성우가 지나던 밤에 당신은 무얼 하고 있었소?
이 세상 그 누구도 당신을 찾지 않는 세월 속에
그대가 발견한 새 책의 첫 페이지가 있었소
자신이 서명할 수가 없는 자서전이었소

세상의 모든 유성은 바로 그러한 책 속으로 떨어지오
세상은 전대미문의 하룻밤을 남긴 허송세월이라오

재색財色, 그리고 정情
만인의 심금을 울린 이야기

어서 오세요, 그리고 미세요
우리가 파는 것이 바로 그거랍니다

젊은 니체가 정신병원을 퇴원하다

다음 세대를 향한 우리의 기대,
소년들이 처음으로 어른으로 성숙하는 것
이 지상에서는 단 한번도
그 소년 이후의 삶, 초인과 평범한 인간이 결합한 세상을
건설한 적이 없다

벌거벗은 구도자가 양복과 넥타이를 걸치고
도덕과 철학을 초월한 초자연적인 문명을 건설하겠다고
세속으로 돌아온 것 같은,
평범한 인간의 신체에
산정의 아우라를 전해주는 그 침묵의 언어

가사일보다 시원의 리듬이 먼저
사상보다 생리의 차원이 더 먼저
고뇌와 번민보다 숨이 더 먼저인 것처럼
이 세상 그 모든 체념과 실의와 망설임보다 먼저
앞서간 한 발자국의 설렘을 나누는 것

바로 그것을 위해 우리 모두는
그 얼마나 서러운 눈칫밥을 먹고 살았는가
가장 깊고 높은 숭고와 진리,
정신병원에 갇혀 써내려갔던 위대한 사상이
이제 더 이상 정신병원에 갇히지 않아도 되는
새로운 세계를 위하여
인간들이라는 산송장들을 일깨워서
함께 삶의 축복을 누리는 것, 죽은 자들의 묘지 위에서
춤과 음악, 시와 영혼들의 날갯짓을 들려주는 것

바로 그것이 그대의 고동치는 심장,
정신병원 같은 이 세상으로부터 퇴원한
영원한 젊음의 완성일 것이다

악마의 트릭

호랑이 담배 피던 시절은
상고사에서 지금까지 현재진행형이네

어깨에 짊어진 바이올린,
'바위 올린'을 바닥에 내려놓은 가야금 같은,
지상의 모든 무거운 발걸음 소리가 나네

악마는 모든 소리가 모든 굴곡으로 구부러지도록
콧방귀를 뀌고
모든 미美를 향유하고서 끝내 코웃음을 치지만

나는 두려움 너머 소리의 부재,
악마가 심연 속에 파놓은 미완성의 함정을 깨닫고
배꼽 잡고 웃네

하얗고 노랗고 빨간 것은 무엇인가

꽃 중의 꽃은 없는 것이다

날개

— 박제된 날개, 그 이후를 그리며

새는 새롭다는 것이다
새롭다는 것은 높다는 것이다
높다는 것은 많은 것이 보인다는 것이다
많은 것이 보인다는 것은
날고 있다는 것이다
날고 있다는 것은, 구름처럼
순풍에 돛 단 듯이 흐르는 것이다
태풍의 눈 속, 그 심대한 평화를 맛보고
따라다니는 새처럼
낚시 바늘과 그물을 소지한 인류 앞에서
물고기는 숨고
꽃과 나비, 과일은 뽐내고 싶지만, 겨울이여
총과 대포, 미사일 앞에서 숨은 새들의 눈물처럼
날개를 단 인간, 새들의 왕이
이제야 날개를 펼쳤도다.

zoo's 발명목록

1 그늘막이 달린 개집

2 모기장 달린 개집

3 계단식 화단

4 신발 0.5mm 사이즈의 과학, 발에 꼭 맞는 신발의 수요가 창출됩니다

5 물소리 물탱크

6 새로운 피구 스포츠

7 지붕 자동문 유리, 건축용, 운송용

8 돈 버는 군대, 관광용 잠수함, 인공섬 관광용 급유용 항공모함 등등

9 시계용 휴대폰

10 기차길 여행도로, 자전거용, 도보용, 점포(기찻길 옆 도로 관광레저산업)

11 진화된 스카이 콩콩, 캥거루 머신(스포츠용, 레저용, 헬쓰용)

12 고무 박킹 달린 차문, 출입문, 기타 문들

13 구멍 패션으로 만든 섹시 청바지

14 몰카방지용 치마 달린 바지
15 280도로 가려진 남성용 변기
16 음악 소리, 멜로디 나는 변기(조털러)
17 남성용 비데
18 지하철 승강장 화단 만들기
19 제국체제론, 지배론, 상생협력 철학서
20 전기충전 라이터
21 군대용 자위소, 의료용 자위소
22 실외 성교활동에 대한 헌법적 해석 헌법소원
23 인구폭발 방지용 스포츠 웨어
24 목 끈 달린 밀짚모자
25 육식의 종말에 대한 실재경제론
26 과일나무로 만드는 인류 생존론
27 세계에서 가장 큰 공중목욕탕
28 초대형 목욕물 포트(4커피 포트 빅 사이즈)
29 전 나라의 주차해결 문제를 위한 2인승 자동차
(연료비 4분지 1의 자동차 공학)

30 2인승과 2-3인승 착탈식 자동차

31 소음기 달린 뺑튀기 무소음 기계

32 빌딩과 사무실 등, 일명 놀고 있는 비닐하우스 텃밭 일구기

33 추운 방, 자취방을 위한 온열 텐트, 겸 안전한 잠자리

34 고구마 나무, 나무 전체가 고구마인 나무 sweet potaito tree

35 물 치약

36 가정용, 이동용 풍력 발전기

37 지하 차고 주택 건축 시행령

38 겨울철 빙판길 결빙구간 분쇄 공무원 법 시행령

39 반값 주택 가격. 아파트 가격을 위한 사막의 모래 벽돌 건축 문명건설

40 계피 탄산음료

41 햇빛 차단 미닫이 달린 투명유리 자동차 썬루프,

42 돛 단 배 마크 깃발, 혹은 그 초국가적 초월의 가치 브랜드

43 공기 조절 신발

44 바로 서는 휴대폰, 돋보기 렌즈 장착 휴대폰, 국민의 요구와 서비스를 최우선으로 하는 휴대폰 산업.

45 방귀 소리, 방귀 가스 차단 팬츠

46 컴퓨터 마우스 대용 리모컨

47 네팔 등지에 노인만을 위한 나라, 국가 자체가 초특급 요양시설타운, 그 범지구적 노인인구정책.

48 기간과 교육비가 대폭 짧아지고 절감된 선진 교육체제

49 알약 팔찌

50 휴대폰 전용 호주머니, 그 의류의 적합성 패션.

51 층간소음이 완전히 제거된 이상형 아파트 구조, 그 건축학적 공학과 실수효 예측가능한 경제론.

기타등등

좋은 아이디어 발명이 있으면 유용하게 쓰이길 바랍니다.

나의 시

한 줄의 막힘도 없이 나를 방목했을 때라야 시를 썼다
모든 시들이 그렇게 촌철살인 같이 과녁도 없는 과녁 속으로
나를 뒹굴게 간질이고 고문하면서 쓰였다
1년 넘도록 폐허 같은 시골집에서
술과 함께 뒹굴고 라즈니쉬의 책들을 머리맡에 쌓아놓고는,
TV 방송의 전 채널을 독파하고 결국에는 TV를 부서뜨렸고
좋아하는 음악이 안 나오는 라디오도 부서뜨렸다
대신에 고물 오토바이로 텅 빈 산야의 도로를 질주하였다
자연이 연민처럼 엄습해오는 가난 속에서
나는 미친 사람처럼 분노하고 울고 웃으며 살았다
약봉지를 쌓아놓고 시름에 겨워하는 밤들이 잦아들었다
정말로 나를 미치게 한 것들은 내 생애의 절정이자
죽음을 넘어선 질주였고
그렇게나 외로웠던 생애가 한 줄의 시로 요약되길 바라

는 오류를 범했다
　시가 되지 못한 산문처럼 느리게 아파하면서
　나는 한 권의 시집 속에서 시들을 찾아 헤맨다
　아픈 몸을 안 아프게 하는 노력 같은 과녁
　요가 대신 삶을 노래했으나
　모두가 배꼽 잡고 뒹구는 시를 쓰려 했으나
　어려서부터 피워온 담배, 그 오래된 재떨이처럼
　나라는 초라한 집대성을 쌓아놓고서 술의 절구통 속에서 같이 빠았다
　다만 술에 취해서 쓴 시들이 술 냄새만은 좀 덜할 것이다

벌레, 벌레적인 것, 벌레의 영감
— 접은 날개는, 세계로부터 영원한 뒷짐을 진 영혼의 자세이다

오, 별이여, 연민이 안개처럼 자욱한 이 밤 속에서
영원을 탈출한 빛의 성충처럼 흩뿌려진 별빛이여,
지구라는 무한한 생명의 알집 속에서,
시간의 티눈 같은 애벌레들, 꽃망울들이
시간 밖에서 시간 속으로 기어 나온다.
오, 유전자라는 시간의 저장소, 기억이라는 시공의 골곡들,
이 세계라는 거대한 쇠똥 같은 문명의 악취 속에서,
오, 인류라는 이름의 가설 공동체,
지구의 안팎에 대한 의문과 권태의 덩어리를 굴려가는 쇠똥구리여,
당신은 더 이상 굴려갈 수 없는 쇠똥의 크기에 봉착했는가?
그 쇠똥 속에서 부화하는 새로운 욕망의 성충들이여

영겁의 시간 동안 대기권 밖에 붕 떠있는 느낌,
그 지켜보는 자, 무한진공의 느낌 속에서 눈동자의 섬세함과
머리카락은 섬광의 티눈처럼 자란다, 황홀과 죽음 안에서,

단단한 거품 같은 자아의 고집들이 마주하는
화성, 수성, 목성, 금성, 토성, 천왕성, 해왕성,
태양과, 수많은 태양들을 거느린 은하들이 감각의 정배열 같은
인과율과 수학적인 심연, 빛이 휘어지고 번지며 회오리치는,
신화의 신들, 상상의 신들, 두려움의 신들처럼
은하처럼 거대한 자의식의 폭발에 봉착할 것이다
— 당신이 바로 이 우주요, 신성이다!

오, 불타는 태양, 그 모든 시작과 암전의 두려움 같은 원천이여,
대기권이라는 그 오랜 감각적 장막 너머에서
언제나 정오의 대낮 같은 태양계 전체의 광휘여
하나의 우주 속에서, 문명 최후의 날을 보려는 자의 시각적 연쇄 같은,
거미줄처럼 촘촘한 군사위성들과 온갖 전파들, 안개처럼

떠다니는 사념들, 폭로된 세계를 다시 잠그는 철문 같은,
인간과 생명의 도탄을 볼모로 한 그 모든 경쟁의 가속도,
그 과학의 기형적인 발육과 위협을 중단시켜라!

오직 돈으로만 탈출하고 안주할 수 있는 개미지옥 같은
세계로부터,
그 개미지옥 같은 도시들의 끝없는 확장으로부터,
과학을 구출하라, 인구폭발, 전쟁이라는 재앙과 더불어
성장하는 국가들, 그 벌레적인 투쟁과 노예의 역사로부터,
종지부, 새로운 시작의 종지부를 찍어가는 지성들이여!
이 도시라는 거털 난 모성의 지옥, 먹물을 뿌리고 달아나
는 인간의 흉상들,
망가진 자궁 같은 도덕과 윤리의 반복 속에서,
그 반복의 무서운 재난과 희생의 피 위에서,
새로운 유전학적인 욕망으로 윙윙거리는 사고들,
사랑이라는 새로운 페로몬의 갱신, 태양의 실재에
접근하고자 하는 날개의 몸부림들, 그 기관 없는 신체들,

그 불타는 자오선 같은, 새로운 영감의 확산들이여!

신체를 억압하면서 자라는 신체의 확장 같은 거리들,
인간의 시원에 접안하지 못하는 과학 앞에서
온갖 벌레들, 생명체들이 과학이 도달하지 못하는 신비와
상상을 초월하는 묘기를 부린다, 오, 빛의 기원을 잃은
우주먼지 같은 인류의 장막이여!
천체와 박테리아, 그 양극의 우주를 거느린 신들이여,
이 문명이라는 정치적 암실의 눈 먼 실험쥐처럼
자비와 헌신, 전쟁과 폭력의 무의식 사이에서,
암과 불구를 재촉하는 현실과 꿀맛 같은 위안들 사이에서,
나약한 신경증과 무한한 정곡을 삼투하는 책들 사이에서,
나날의 역사적 임계점을 견디는 정치적 무의식과
진정한 자유의 길 사이에서,
이빨 없는 잇몸처럼 길들여진 자아들에 내려진
이 빛과 새로운 지식의 성찬은 과연 축복인가, 지옥인가!

나의 뿌리, 나의 존재이유, 나라는 우주적 성분과 밀도,
내 영혼의 어두운 밤, 그 은하적인 크기, 그 의문의 크기,
헤아릴 수 없는 별들, 헤아릴 수 없는 차원들, 전자와 원자와
혹성과 은하와 그 은하의 무한대와 블랙홀, 화이트홀,
그 은하의 자궁과 착상, 그 별이라는 무한대의 정자와……
빛의 발생과 그 우주의 한바퀴, 그 영겁을 사유하는
무수한 광원의 바다와…… 인간에게 실수와 광증을 일으키는
진화라는 우연과 상수의 고통, 그 죽음을 초월한 인내와
새로운 언어에의 충동과…… 이 우주전체의 의식이라는
브라만, 공, 진리, 그 무한한 창조력과 치유력의 여래장 안에서,
나라는 한 인간의 죽고 낢이 과연 무슨 의미란 말인가?
아무리 생각해도 이 우주라는 대폭발의 미지는,
그 미지의 끝없는 대폭발은, 인간의 정신, 상상,

해탈 이전의 모든 것들에게 끝내 원자적인 자백을 받아 낸다!

이 우주에 고난 받는 어둠의 자식으로 태어나서,
이 우주의 한바퀴 못 돌아보는 한을 이 세상 그 무엇으로
채울 수 있을까? 오, 인간이라는 무한한 현기란,
미지로부터 끝없이 돌아서는 인간의 사고와
낡은 지식을 보충하는 끝없는 신경증이라면
오, 가계의 역사, 인간의 역사라는 저속한 흉상의 대물림이여,
이제는 이 우주라는 천체의 거울, 그 눈을 들여다보는
눈들의 궁극을 보아야 한다!

오, 정신이라는, 무한히 확장하며 교차하는 생명선들이여
빛을 초월한 속도로 이 우주를 한바퀴 돌아보고 싶은 것,
나는, 당신은, UFO는 바로 그 이동의 천국을 꿈꾸는 것,
그 불멸의 신체를 탐하는 과학의 끝없는 욕망들,

육안에는 머물지 않는 그 빛의 소용돌이, 삶이란
이 연약한 인간의 신체로, 꽃의 가냘픔으로,
분노와 두려움을 극복하는 눈물로, 이 세계의 증인으로써,
그 태풍의 눈 같은 날개, 그 파닥거리는 생명의 전체성
같은
존재의 파도를 누리고 견뎌가는 것!

오, 별빛이여, 신들의 산정 같은 그 눈빛들이여,
우주의 무한한 시간을 돌파하는 알파와 오메가여
개펄을 기어 다닐 때부터 시작된 이 인간이라는
생명의 출발, 그 고통의 기원,
그 유전학적인 지름길, 가속도, 예측불능이,
그 최초의 억양으로 되돌아가는 문자 속으로,
이 땅의 새로운 대지의 인간을 위해, 진리와 자유를 위해,
새로운 날개의 광채로 퍼덕거려야 한다!

해설

성스러움saint에 이르기 위한 테세우스의 시련

김백겸 시인 • 계간 『시와표현』 주간

성스러움saint에 이르기 위한 테세우스의 시련

김백겸 시인 • 계간『시와표현』주간

미로의 시련

주종환의 시편들을 통독하고 난 소감은 이 시인의 영혼이 21세기 자본시장의 미궁을 돌아다니며 필사적으로 길을 찾고 있는 테세우스Theseus라는 생각이 들었다. 아테네의 왕 아이게우스의 왕자로 테어난 테세우스는 어머니와 함께 버려졌다가 주몽의 아들 유리처럼 아버지의 검과 샌들을 가지고 자신이 왕자임을 증명하러 간다. 테세우스는 왕자로 인정받기 위해 아테인들이 공물로 바쳐지는 크레타의 왕궁의 미궁으로 들어가 괴물 미노타우로스의 목을 베고 아테네의 왕위를 계승해서 아테네의 지배권을 확장한다.

그리스 신화는 운명이 수놓은 예정된 성취를 위해 테세우스에게 온갖 시련을 부과한다. 현실의 영웅은 이 모든 시험을 통과하고 현실의 권력과 부를 얻지만 환상의 세계에서 자신의 영토를 확보해야 하는 시인은 시에서 자신의 왕

국을 건설해야 한다. 시인의 영혼은 현실의 미로에서 온갖 시련과 시험을 통과해야 하는 테세우스의 운명을 공유한다. 주종환 시인은 자신의 영혼과 정신을 지켜내는 투쟁 속에서 소외와 상처로 가득한 시편들을 이번 시집『계곡의 발견』에 선보인다. 몇 편의 시들을 통해 시인이 투쟁하고 있는 미로의 길을 같이 공유해 보기로 한다.

천국은 이 세상에서 경험한 것을 토대로 만들어진 이상향이다
그리고 이 우주 전체는 6일만에 만들어질 수도 없다
각기 다른 시대, 다른 장소에서 깨달음에 이른 자들의
언어와 표현, 소통도구들이 각 대륙의 종교들이 되었다.
거기에 이 세상 모든 민족의 탄생설화와 신화들이
철학과 음악과 시와 그림들로 첨가되었다.
철학이 발달하자, 신과 실존이라는 개념이 충돌했다
과학이 발달하자, UFO라는 개념도 창조했다
전자는 無의 성질을 띠면서 有의 블랙홀 속으로 사라졌고
구름 위의 신성한 도시들은 비행기 때문에 사라졌고
사회적 미신과 기성종교, 체제가
새로운 세계를 지체시키는 가시밭길로 반복되고 있다
우리는 진실을 알기 위하여
단 한 번도 손에서 책을 놓아본 적이 없었고
한 줄기 빛을 위하여 수천 년 동안 쌓인 어둠의 갱도

를 뚫었다

우리는 이러한 4차원적인 상식의 가능성 속에서
민주주의라는 대화의 장을 꽃피워냈다
이 시대의 진정한 진보는 개개인들 진화의 한계상황이다
우리는 이 세상 전체가 은닉하고 있는
별빛으로 수놓은 원탁을 새로이 놓고,
새로운 인간들의 동태를, 그 영혼의 개화를 응원하는
눈빛들이다

—「신인간을 위하여」 전문

주종환은 이 시편에서 인간이 역사를 창조한 배경을 말하고 그 역사를 지탱해온 과거의 종교적 도그마나 진리들이 '진화의 한계상황'에 이르렀다고 진단한다. 시인이 생각하기에 그 이유는 "구름 위의 신성한 도시들은 비행기 때문에 사라졌고/ 사회적 미신과 기성종교, 체제가/ 새로운 세계를 지체시키는 가시밭길로 반복되고 있"기 때문이다. 기존의 종교적 진리와 형이상학의 진리가 더 이상 유효하지 않다는 시인의 생각은 첫 행의 "천국은 이 세상에서 경험한 것을 토대로 만들어진 이상향이다"라는 도발적인 생각으로 이 시를 시작한다. 리차드 도킨슨의 『만들어진 신』이나 니체의 '신은 죽었다'라는 명제를 생각하게 하는 시편이지만 주종환의 시세계가 유물론을 바탕으로 하지는 않는다. 시의 후미에 시인을 포함한 현재의 인간들이 "이 세상 전체가 은닉하고 있는/ 별빛으로 수놓은 원탁"을 놓고 "새로운 인간들의 동태"를 응원하고 있기 때문이다. "이 세상 전체가 은닉하고 있는/ 별빛으로 수놓은 원탁"이라는 강한 상징적 표현은 주종환이 기다리는 새로운 진리로서의 세계가 무엇인지 구체적으로 보여주지 않는다. 상징은 현실에 보이지 않는 배후실체를 드러내 보이면서 동시에 현실의 시야로부터 감추는 역할을 하기 때문이다. 상징에 대한 문화적 배경이나 깊은 고찰이 없으면 독자가 상징이 안내하는 미로를 따라서 배경으로서의 상징을 이해하기는 어렵다. 그러나 '별빛으로 수놓은 원탁'은 신화 속의 아서왕이 그의 원탁의 기사들과 새 질서를 창조한 알레고리를 품고 있고 별빛이라는 상징물과 연결하면 대충 시인이 암시하고자 하는 세계가 드러난다. 주종환이 생각하기에 현재의 시기는 새로운 질서가 태동하는 시기이고 그 질서는 새로운 우주관이어야 한다는 생각을 이 시에서 표명한다. 이런 생각을 좀 더 구체적으로 드러낸 시가 다음 시편이다.

'궁핍한 시대의 시인'

자국이기주의, 공산주의, 가부장적 자본주의, 군사대결,
종교 갈등, 환경파괴, 주거불안과 가난, 노동력 착취,
빈익빈부익부, 이것이 사회이고 체제다.
히피, 집시, 나그네는 체제를 거부한다.
시민단체와 사회운동, 문학과 예술은 체제에 저항한다.
급진주의자들, 혁명가들은 체제를 공격한다.

보수주의자들은 체제에 협조한다.
다수의 일반인들은 체제에 순응한다.
진리탐구와 구도, 명상은 체제를 초월한다.
—「체제에 대하여」 전문

시 제목처럼 「체제에 대하여」라는 명제를 생각해보면 수많은 철학과 역사의식이 이 명제에 관련된다. 사회체제가 인간에게 억압과 권력으로 작용한다는 생각은 노자의 '무위無爲'나 무정부주의와 루소의 '자연으로 돌아가라'는 생각들에 있다. 푸코Michel Foucault는 이 문제를 더 예리하게 분석해서 구조주의 사상의 한 축을 이루었다. 푸코의 생각으로는 인간의 문화와 지식이 사실은 권력으로 작용한다고 보았다. "권력이란 모든 수준의 인간적 활동을 분류하고, 명명하고, 표준화하여 공공의 문화재로 지식의 목록에 등록하려고 하는 '축적지향성'을 가지고 있기" 때문이다. 푸코의 견해로는 인간은 사회체제로부터 교육받고 통제당하는 인간이다.

문명사회가 진선미의 가치를 향해 진보해 왔다는 계몽론자나 체제수호자의 시각들은 동물과 차별되는 인간의 문명을 자부심으로 바라본다. 그러나 한편으로는 인간의 역사가 '에덴설화'와 불교의 '말법사상'처럼 고대의 '황금시대'로부터 퇴보했다는 종교적인 시각도 있다.

주종환 시인이 세계를 보는 시야는 매우 넓다. 시 「신인간을 위하여」가 인간의 문화사와 관련한 통시적 시야로 인류사를 바라보았다면 시 「체제에 대하여」는 지구촌의 모든 사회체제에 관한 고민과 인간의 저항을 말하고 있다. 정치적으로는 공산주의와 자본주의의 체제경쟁이 있고 경제적으로는 시장의 세계화를 원하는 미국패권과 개발도상국의 저항이 있다. 여기에 기독교와 이슬람문화의 대립, 환경파괴로 인한 지구온난화 같은 문제들을 이 시는 거론한다.

개인이 원하지 않는 집단 이데올로기의 권력에 대하여 개인들은 각자의 스타일로 저항하는 방식이 있는데 주종환은 나름대로의 시각을 가지고 있다. 시 속의 화자는 말한다 "히피, 집시, 나그네는 체제를 거부한다/ 시민단체와 사회운동, 문학과 예술은 체제에 저항한다/ 급진주의자들, 혁명가들은 체제를 공격한다/ …/ 진리탐구와 구도, 명상은 체제를 초월한다"고.

일찌기 김우창은 그의 저서 『궁핍한 시대의 시인』에서 인간이 자유를 억압하는 상황이나 체제에서 시인이 할 수 있는 태도는 체제에 저항하거나 초월하는 것이라고 말한 바 있다. '초월'도 현실에 저항하는 다른 형식이라는 생각이다. 시인의 자격으로 주종한 시인이 저항하고자 하는 방법은 무엇일까. 인간을 압살하는 거대 사회체제에 대하여 주종환은 강한 분노와 슬픔과 소외를 드러내고 있으나 시 전편을 통해 드러난 투쟁스타일은 '거부'와 '저항'과 '공격'이 아닌 '진리탐구와 구도'의 초월이다.

'진리탐구와 구도'의 초월은 현실과 절연하고 입산하거나 사막에 은거하는 수행자라면 모를까 자본주의 현실에 사는 개인이 이러한 선택을 하기는 어렵다. 현실세계는 거대한 산업금융체제의 문화적 물적 압력이 기하급수적으로 증가하는 사회이다. 종교와 예술도 사실은 그 배후와 바탕에 물적 현실을 기반으로 한다. 역사적으로 종교와 예술의 정신적인 초월은 이러한 현실의 부정이 아니라 현실의 새로운 해석을 통해 방향을 제시하는 기능을 해왔다. 예술사조가 몇몇 천재들의 앞선 시각에서 시작하지만 모태는 기왕의 질서에 대한 반동이거나 수정이기에 누구도 현실에서 자유롭기는 어렵다. 알렉산더 앞의 디오게네스Diogenes처럼 세상의 권력과 부를 백안시해서 볼 수 있는 빈자의 철학을 가질 수 있다고 해서 철학이 배고픈 몸과 추운 인간과계를 직접적으로 구제하지는 않는다. 집단의 권력과 물결에 대한 개인의 왜소함과 물질과 정신의 문제를 사실적으로 드러내는 시가 다음 시편이다.

소유냐, 존재냐

네가 도무지 이해하지 못한 세계의 실상 중의 하나는
돈이었다는 사실, 보도블록 사이를 지나
찻길까지 구른 그 500원짜리 주화의 편재성과 극대화에 관한 것

꽃 한 송이의 그윽한 향기에 취하지 못하고
한 아름의 꽃다발 살 돈을 구했다

그리고 그 꽃다발을 들고 다닐 수 있는
어떤 서구적인 분위기를 돈으로 사려했다

내가 태어나서 처음으로 쓴 연서戀書는
중2 때 이웃집 소녀에게 함께 영화 구경 가자는 내용이었다

이 나이 되도록 신물 나게 영화를 본다
우리는 전후戰後 세대의 밥그릇 전쟁에서 살아남은
밥풀떼기 세대일 것이다

별빛 몇 점이라도 초롱초롱한 밤이면
우주 전체가 이 조그맣고 서러운 지구 땅에
안부를 묻는 것 같아 조금 안심이 된다

돈보다 더 소중한 것이 있다는 것에
모두가 박수를 치며 동의하지만
모두가 돈보다 더 소중한 것들로 돈을 번다

지구의 가치가 주식으로 환원되고
북극과 남극, 심해의 해저, 밤하늘 보름달마저도
땅 투기의 대상이 되고 있다

돈 몇 푼을 위해서 저버리는 사랑과 우정, 질서와 정의는

세계화라는 물결의 영원한 비하인드 스토리일 뿐,
그 까짓것 더럽다며 길게 늘어선 줄에서 이탈하는
선비정신은 바람과 풀과 구름을 팔아먹어야 생존한다

소유냐, 존재냐
존재를 선택한 사람들에게 500원은 참으로 귀한 돈이다
—「500원짜리 주화가 데구루루 굴렀다」 전문

에리히 프롬Erich Fromm은 자본주의 물적 사회에서 인간존재의 상황을 『소유냐, 존재냐』의 문제로 다루고 있다. 프롬은 현대인간의 불안과 소외가 물질과 사회적 권력 그리고 지식을 소유하고자 하는 과도한 욕망에서 비롯한다고 보았다. 인간의 생존양식에는 '소유'와 '존재'의 두 가지가 있는데 소유에 대한 욕망을 지양하고 자신의 능력을 능동적으로 발휘하여 '삶의 희열'을 확신하는 '존재'로서 삶으로써 인본주의적 공동체의 삶이 가능하다고 보았다.

주종환은 이 시에서 인간의 가장 원초적인 순수함인 사랑도 돈이 들어가는 체험이라는 과거를 고백한다. 주체가 타자에게 마음을 표현하는데 말로서는 충분치 않다. 그래서 '꽃'이라는 기표를 위해 과거에는 들판의 꽃을 꺾었으나 지금은 꽃집에 가서 사야 한다. 시장질서의 사회에서는 불가피한 일이다. '사랑'이라는 기의의 내용도 과거와 현재는 같지 않다. 기표로서의 형식이 자본질서에 편입되므로서 사랑의 내용도 어느 정도는 자본질서의 교환에 갇히게

된다.

인간사회의 친족구조를 연구한 레비스트로스Claude Levi Strauss는 가족과 가족, 씨족과 씨족 간의 여자의 교환과 혼인에서 제도와 문명의 구조적 규칙을 발견한다. 레비스트로스의 생각은 사회적 구조는 인간의 감정이나 당위의 이론에 이미 앞서 있고 오히려 사회적 구조가 감정의 형태나 문법을 차후에 구성한다고 보았다. 유감스럽게도 우리는 선험적으로 주어진 문화적 제도와 규칙 질서에서 자라난 적자들이다. 강도와 패턴이 달라졌을 뿐 인간은 법과 시장질서가 수놓은 바둑판의 규칙에서 자신의 입지와 영토를 획득해야 한다.

신석기문명 이래 '증여'와 '시장'에 의한 교환질서는 문명을 구성하는 주요한 요소이다. '신자유주의'의 이론을 구축한 하이에크Friedrich Hayek는 시장의 경제효율이 인간에게 자원과 에너지 기타 문화적 기표의 교환에 의한 자유를 보장하고 인간의 문명이 더 부와 평화에 이를 수 있다고 보았다. 인간의 생존에 우월한 문화형식의 모델로 제시되었지만 현실은 그렇지 않다. 시장의 강자가 교환에 의한 이익을 불평등하게 독점함으로서 서구 자본국가와 후발 국가 사이에는 과도한 불평등이 발생하고 이는 중동전쟁 같은 긴장과 갈등으로 이어진다. 이런 현상은 선진국 자체에서도 가진 자와 빈자와의 사회적 갈등으로 드러나면서 약자의 고통과 소외는 증가한다. 사회적 약자인 시 속의 화자는 이러한 사회질서 속의 갈등과 모순의 한복판에 있다. 시인은 말한다. "돈 몇 푼을 위해서 저버리는 사랑과 우정, 질서와 정의는/ 세계화라는 물결의 영원한 비하인드 스토리일 뿐/ 그 까짓것 더럽다며 길게 늘어선 줄에서 이탈하는/ 선비정신은 바람과 풀과 구름을 팔아먹어야 생존한다"고.

농경사회의 백이伯夷와 숙제叔齊도 아니고 자본사회의 현실인이 '바람과 풀과 구름'을 먹고 살 수는 없다. 그리스 시대의 디오게네스가 술통 속에서 거처하며 아테네 사람들의 적선에 의지했던 것처럼 자본시대의 선비는 시장의 쓰레기더미에서 생존물품을 얻더라도 자신의 생각과 철학을 지켜내야 한다. 그런 의미에서 시인이 말한 다음 구절은 매우 절절한 심정으로 다가온다. "소유냐, 존재냐/ 존재를 선택한 사람들에게 500원은 참으로 귀한 돈이다".

시인의 고상한 정신을 유지하려는 태도가 드러난 다음 구절도 독자에게 연민으로 다가오기는 마찬가지이다. "별빛 몇 점이라도 초롱초롱한 밤이면/ 우주 전체가 이 조그맣고 서러운 지구 땅에/ 안부를 묻는 것 같아 조금 안심이 된다". 이러한 생각은 시인 자신이 처한 입지를 보다 확대된 시야의 입장에서 조망함으로써 자신을 초극해야 한다는 희망을 보여주지만 현실의 무게와 이런 위안과 희망 사이에는 지상과 하늘의 거리만큼이나 먼 간극이 있고 그 간극 때문에 시인과 독자의 고통은 다 같이 증가한다.

젊은 니체

다음 세대를 향한 우리의 기대,
소년들이 처음으로 어른으로 성숙하는 것
이 지상에서는 단 한 번도
그 소년 이후의 삶, 초인과 평범한 인간이 결합한 세상을
건설한 적이 없다

벌거벗은 구도자가 양복과 넥타이를 걸치고
도덕과 철학을 초월한 초자연적인 문명을 건설하겠다고
세속으로 돌아온 것 같은,
평범한 인간의 신체에
산정의 아우라를 전해주는 그 침묵의 언어

가사일보다 시원의 리듬이 먼저
사상보다 생리의 차원이 더 먼저
고뇌와 번민보다 숨이 더 먼저인 것처럼
이 세상 그 모든 체념과 실의와 망설임보다 먼저
앞서간 한 발자국의 설렘을 나누는 것

바로 그것을 위해 우리 모두는
그 얼마나 서러운 눈칫밥을 먹고 살았는가
가장 깊고 높은 숭고와 진리,
정신병원에 갇혀 써내려갔던 위대한 사상이

이제 더 이상 정신병원에 갇히지 않아도 되는
새로운 세계를 위하여
인간들이라는 산송장들을 일깨워서
함께 삶의 축복을 누리는 것, 죽은 자들의 묘지 위에서
춤과 음악, 시와 영혼들의 날갯짓을 들려주는 것

바로 그것이 그대의 고동치는 심장,
정신병원 같은 이 세상으로부터 퇴원한
영원한 젊음의 완성일 것이다
—「젊은 니체가 정신병원을 퇴원하다」 전문

주종환은 자신을 기존의 질서와 진리를 해체하고 초인의 논리로 새로운 세계를 꿈꾸었던 니체에게 투사한다. 앞에 소개한 시편들에서 시인이 절망한 현실사회에서 삶을 같이 공유한 독자는 이 시편에서는 새로운 삶을 위해 적극적으로 투쟁하려는 시인의 의지를 향유한다. 주종환이 생각하기에 중요한 일에 대한 준비는 다음과 같은 구절에 시작하는 일이다. "가사일보다 시원의 리듬이 먼저/ 사상보다 생리의 차원이 더 먼저/ 고뇌와 번민보다 숨이 더 먼저인 것처럼/ 이 세상 그 모든 체념과 실의와 망설임보다 먼저/ 앞서간 한 발자국의 설렘을 나누는 것".

젊은 시절의 니체는 19세기 독일기독교사회에서 인류일반에게 보편이라고 여겨진 가치판단이나 심미적 판단이 역사적 편견에 의한 것임을 보여준다. 니체는 '도덕의 계

보'에서 인간의 도덕과 선악이란 '사유재산의 보전'이나 '개인의 자기보전과 자기실현' 즉 자연권의 행사를 위한 것이지 보편적인 의미나 인간적인 고귀한 가치가 있는 것이 아님을 역설한다. 니체는 산업사회의 생산과 소비를 지탱하는 대중사회의 개념에 대해 '구성원들이 무리를 지어 이웃사람과 똑같이 행동하는 것을 가장 우선적으로 배려하는 사회'라고 정의한다. 니체는 '만인이 평등한 것'을 목표로 삼는 사회적 질서나 도덕은 '짐승과 노예의 도덕'이라고 생각하는데 그 이유는 공리적인 이유가 아닌 '타인과 같으면 선 다르면 악'이라는 맹목적인 도덕이 현대사회를 지배한다고 본 까닭이었다.

주종환은 이러한 니체의 생각과 행동에 공감해서 이 시편을 썼다. "가장 깊고 높은 숭고와 진리/ 정신병원에 갇혀 써내려갔던 위대한 사상이/ 이제 더 이상 정신병원에 갇히지 않아도 되는/ 새로운 세계를 위하여/ 인간들이라는 산송장들을 일깨워서/ 함께 삶의 축복을 누리는 것, 죽은 자들의 묘지 위에서/ 춤과 음악, 시와 영혼들의 날갯짓을 들려주는 것"라는 구절은 당대의 보수질서의 환경에서 정신병원에 수용되었던 니체가 정신이상자가 아니라 이 세상이 '정신병원'이라는 주시인의 생각을 반영한다.

성스러움Saint

시 몇 편을 통해 주종환 시인의 시에 대한 사유와 세계관 그의 고민과 고통을 같이 들여다 보았다. 현실에 절망한 시인은 절망에 대한 아픔과 좌절 못지않게 일종의 초월질서에 의한 새로운 세상을 꿈꾸고자 하는 시편들을 선보인다. 이러한 주 시인의 시적 주장과 역량이 가장 잘 드러난 시는 시집의 마지막 시편인 「벌레, 벌레적인 것, 벌레의 영감」이라는 장시이다.

이 시편은 랭보와 같은 파토스와 단테의 『신곡』 같은 장대한 시적 사유를 보여준다. 지금까지의 주종환 시인의 시편들 중 가장 훌륭한 시적 세계를 보여주고 있는 이 시편은 아마도 어느 시대인가는 주종환의 시를 재평가 하고 시인의 사유를 조명해야 하는 중요한 시편으로 자리매김하리라 생각한다. 이런 시적 밀도의 표현과 장대한 사유를 보여주는 호흡의 시편들은 한국시단에서는 드문 일이다. 시 전편을 인용하지 못해 일부를 인용한다

나의 뿌리, 나의 존재이유, 나라는 우주적 성분과 밀도,
내 영혼의 어두운 밤, 그 은하적인 크기, 그 의문의 크기,
헤아릴 수 없는 별들, 헤아릴 수 없는 차원들, 전자와 원자와
혹성과 은하와 그 은하의 무한대와 블랙홀, 화이트홀,
그 은하의 자궁과 착상, 그 별이라는 무한대의 정자와……
빛의 발생과 그 우주의 한바퀴, 그 영겁을 사유하는
무수한 광원의 바다와…… 인간에게 실수와 광증을 일

으키는

진화라는 우연과 상수의 고통, 그 죽음을 초월한 인내와

새로운 언어에의 충동과…… 이 우주전체의 의식이라는

브라만, 공, 진리, 그 무한한 창조력과 치유력의 여래장 안에서,

나라는 한 인간의 죽고 낢이 과연 무슨 의미란 말인가?

아무리 생각해도 이 우주라는 대폭발의 미지는,

그 미지의 끝없는 대폭발은, 인간의 정신, 상상,

해탈 이전의 모든 것들에게 끝내 원자적인 자백을 받아낸다!

—「벌레, 벌레적인 것, 벌레의 영감」 부분

이 구절이 주종환의 고민을 모두 보여준다. 시인은 인간의 감각과 이성을 넘어서는 우주의 기원과 크기에 대하여 현대물리학의 마이크로와 매크로의 시야와 종교적 형이상학을 모두 동원해서 바라본다. 시인은 이 큰 우주적 사건 안에서 먼지만도 못한 "한 인간의 죽고 낢이 과연 무슨 의미란 말인가?"라고 절규한다. 시인이 생각하기에 인간의 문명이 파악한 앎은 우주의 지극히 작은 부분이고 인간중심주의 역사가 큰 시야의 눈으로 세상을 바라보는 것을 가로막고 있다. 그래서 그 대안으로 우주라는 전체의 눈으로 인간사회를 바라봄으로서 모든 갈등의 치유책이 있다고 생각한다.

오, 정신이라는, 무한히 확장하며 교차하는 생명선들이여
빛을 초월한 속도로 이 우주를 한바퀴 돌아보고 싶은 것,
나는, 당신은, UFO는 바로 그 이동의 천국을 꿈꾸는 것,
그 불멸의 신체를 탐하는 과학의 끝없는 욕망들,
육안에는 머물지 않는 그 빛의 소용돌이, 삶이란
이 연약한 인간의 신체로, 꽃의 가냘픔으로,
분노와 두려움을 극복하는 눈물로, 이 세계의 증인으로써,
그 태풍의 눈 같은 날개, 그 파닥거리는 생명의 전체성 같은
존재의 파도를 누리고 견뎌가는 것!

오, 별빛이여, 신들의 산정 같은 그 눈빛들이여,
우주의 무한한 시간을 돌파하는 알파와 오메가여
개펄을 기어 다닐 때부터 시작된 이 인간이라는
생명의 출발, 그 고통의 기원,
그 유전학적인 지름길, 가속도, 예측불능이,
그 최초의 억양으로 되돌아가는 문자 속으로,
이 땅의 새로운 대지의 인간을 위해, 진리와 자유를 위해,
새로운 날개의 광채로 퍼덕거려야 한다!
—「벌레, 벌레적인 것, 벌레의 영감」 부분

주종환이 테세우스의 운명으로 마침내 미궁의 한 가운데 이른 지점이 밝혀졌다. 자아의 미로찾기와도 같은 시편

들을 읽으면서 나를 포함한 독자는 주종환이 도착한 삼라만상의 기원과 시원이라는 아주 깊은 심연에 도착했다. 이 시편은 화자가 세상에 느끼는 성스러움의 감정에서 창작되었다고 생각한다. 성스러움이란 사물의 존재와 기원에 대한 깊은 의미를 포함하면서 동시에 인간에게 방향을 가르킨다는 양자의 의미가 있다. 인간이 자신의 근원 혹은 시원이 무엇인지를 보여주는 방향이 곧 의미이자 성스러움이다. 이는 유한한 존재자가 무한한 절대자와 맺는 관계로서의 성스러움인데 비유하자면 암흑의 미궁에서 길을 제시하는 '아리아드네 실'과 같다. 이 실, 곧 빛이 있는 세상으로의 안내자인 상징으로서의 실이 곧 성스러움이고 인간은 자신의 외부 혹은 내면에서 관계로서의 실을 따라가야 자신의 중심에 이른다. 서양의 숙명관은 아리아드네가 테세우스를 사랑했기 때문에 실을 주었고 이는 곧 구원(신의 은총)이라는 생각을 암시한다. 그러나 동양의 신비사상은 인간은 스스로의 내면에 침잠해서 마음의 어두움을 걷어내면 이미 사방에 드리워져 있는 실을 발견할 수 있다고 가르친다.

주종환이 어느 경로를 통해서 이 지점의 사유까지 도달했는지에 대한 필자의 개인적인 호기심이 있다. 주종한의 시적 사유가 "이 땅의 새로운 대지의 인간을 위해, 진리와 자유를 위해/ 새로운 날개의 광채로 퍼덕거려야 한다!"는 마지막 구절처럼 장대하게 날아오르기를 기원한다.

주종환

주종환 시인은 경남 함안에서 출생했고, 1992년 『문학정신』으로 등단했다. 시집으로는 『어느 도시 거주자의 몰락』(문학동네), 『일개의 인간』(천년의 시작), 『신비주의자』(천년의 시작), 『끝이 없는 길』(서정시학) 등이 있다.
주종환 시인의 다섯 번째 시집인 『계곡의 발견』은 이 세상의 현실을 꿰뚫어본 자의 삶의 예지와 그 성찰의 진수를 보여준다. 자본주의와 공산주의, 현대문명사회와 자연주의, 고대 신화에서부터 니체와 에리히 프롬에 이르기까지, 또는 랭보의 파토스와 단테의 '신곡'과도 같은 그의 시세계는 장중하고 울림이 크다고 하지 않을 수가 없다.

이메일주소 : yeulvany@hanmail.net

주종환 시집

계곡의 발견

발　　행 2013년 5월 6일
지 은 이 주종환
펴 낸 이 반송림
편집디자인 김지호
펴 낸 곳 도서출판 지혜
　　　　 계간 시전문지 애지
기획위원 반경환 이형권 황정산
주　　소 300-812 대전광역시 동구 삼성1동 273-6
전　　화 042-625-1140
팩　　스 042-627-1140

전자우편 ejisarang@hanmail.net
애지카페 cafe.daum.net/ejiliterature

ISBN : 978-89-97386-51-2 03810
값 10,000원